Willi Bidermann

Die Kirchenmaus

W0084178

Willi Bidermann

Die Kirchen- maus

Heitere Geschichten aus dem Alltag eines Pfarrers

mit Zeichnungen von
Karl Bechloch

Bechtermünz Verlag

Genehmigte Lizenzausgabe
für Weltbild Verlag GmbH, Augsburg 2000
Copyright © 1992 der deutschsprachigen Ausgabe
by Eugen Salzer Verlag, Heilbronn
Einbandgestaltung: feedback, Christa Gross, München
Gesamtherstellung: Presse-Druck, Augsburg
Printed in Germany
ISBN 3-8289-6749-3

Vorwort

Daß es katholische und evangelische Kirchenmäuse gibt, ist nicht so bekannt. Dafür glaubt man zu wissen, was gemeint ist, wenn es von jemand heißt, er – sie – sei so arm wie eine Kirchenmaus.

Ich habe einmal gelesen, daß sich Mäuse, die sich in Kirchen herumtreiben, vorwiegend von Hautpartikeln der Menschen – auch von Schuppen – ernähren und davon gar nicht so schlecht leben. Dann wäre das eine der üblichen, unzutreffenden Legenden, die nicht aus der Welt zu schaffen sind. Was ich damit sagen will, ist dies: Der Kirchenmaus – den Kirchenmäusen – gefällt's in den Kirchen, und sie kommen gut aus mit dem, was da sonntäglich und zusätzlich an Fest- und Feiertagen abfällt.

So sind auch die Geschichten des Pfarrers Willi Bidermann zu verstehen, die zu seinem sechzigsten Geburtstag im Jahr 1992 vorgelegt werden. Trotz ihrer Kürze sind sie nicht arm an Leben und Nutzen für dieses Leben – für das eigene wie für das andere.

Freunden und der Familie lag es am Herzen, diesen Geburtstag zu dokumentieren, und zwar einem Pfarrer-Schriftsteller angemessen: durch ein Buch, das heitere Begebenheiten aus dem Alltag eines (evangelischen) schwäbischen Pfarrers zusammenfaßt und die über 50 Publikationen von 1953 bis heute ergänzt.

»Seine verschiedenen Bücher sind wie kleine und große Fenster, durch die Licht hereinfällt, und wer sie öffnet, spürt die frische Luft eines klaren Geistes.« So äußerte sich einmal ein Verleger bei der Vorstellung eines der Werke von Willi Bidermann. Diese Werke umfassen Gedichte, Gespräche mit der Jugend, Historische Untersuchungen, Märchen, Theaterstücke, Biographien und natürlich Predigtsammlungen.

Viele Jahre lang mußte Willi Bidermann seine Arbeiten im Selbstverlag herausbringen. Das ist keine Schande; fast jeder Autor war einmal dazu gezwungen. Und es gibt berühmte Selbstverleger: Johann Peter Hebel zum Beispiel brachte seine »Alemannischen Gedichte« von 1803 zuerst im Selbstverlag heraus. Nach dem Erfolg nahm sich ein Verleger des Buches an. So geht es oft.

Willi Bidermanns »erste Veröffentlichung in einem richtigen Verlag« erfolgte 1980 mit »Der Einkorn – ein sagenhafter Berg und Wald«. Das erste Buch im Eugen Salzer-Verlag, der seinem Autor mit dieser Veröffentlichung ebenfalls herzlich gratuliert, erschien 1988: »Grünkohl, Kluntjes und Watt. Ein Schwabe entdeckt Ostfriesland.«

Zum Stolz eines jeden Autors gehören seine Übersetzungen, vor allem die ersten, und sei es nur in eine Sprache. Es handelt sich gleichzeitig um Willi Bidermanns »Bestseller«. Die Rede ist von den insgesamt 6 biblischen Text- und Malbüchern, die in den Jahren 1983–1987 erschienen. Alle 6 Hefte wurden ins Portugiesische übersetzt und in Brasilien publiziert.

Zurück zur »Kirchenmaus«. Ursprünglich sollte die Sammlung »Pfarrerswetter« heißen. Auch kein schlechter Titel, spürt man hier doch das unaufhörliche »Gewitter«, die fremd-vertraute Stimmung, die ständig um Amt und Person herrscht, herrschen muß. Nicht nur »der Pfarrer ist immer im Dienst«, auch ein Schriftsteller, gerade der, der eine einzelne Wahrheit für eine allgemeine, unverwechselbare Wahrheit »bearbeitet«.

Die Themen dieses Buches stammen überwiegend aus dem Bereich Kirche und dem damit verbundenen »Betrieb« mit Amtshandlungen, Jungscharfreizeiten und Seniorenreisen. Aber auch die Schule ist gut vertreten, zumal der Autor in den letzten sechs Jahren als Schulpfarrer in einem Berufsschulzentrum tätig ist, wo er wöchentlich über 300 Schüler unterrichtet.

Allen Erzählungen gemeinsam ist die Versöhnung; darin steckt letzten Endes auch die wahrhaftige Heiterkeit – solche Pfarrer läßt man sich gefallen!

November 1991
Wilhelm König
Schriftsteller und 1. Vorsitzender
der Mundartgesellschaft Württemberg e. V.

Die Kirchenmaus

Mir wurde die Ehre zuteil, an der ersten ökumenischen Trauung in der katholischen Kirche unserer Gegend mitzuwirken. Ja, es war damals schon etwas Besonderes, denn zum ersten Mal überhaupt wurde einem evangelischen Pfarrer gestattet, in dieser Kirche zu beten und zu predigen.

Ökumenische Trauungen gehören inzwischen längst zum Alltag einer jeden aufgeschlossenen Kirchengemeinde, doch in den sechziger Jahren war es etwas völlig Neues, und deshalb gab es zuvor mancherlei Spannungen, und mehrere Vorgespräche mit allen Beteiligten waren nötig.

Endlich war der langersehnte und heißumkämpfte Tag gekommen. Die evangelische Braut und der katholische Bräutigam betraten die vollbesetzte Kirche, schließlich wollte jeder im Dorf an der Premiere teilhaben.

Der katholische Priester und ich – der evangelische Pfarrer – versahen den Dienst an dem Brautpaar gemeinsam. Während ich nun meine Traupredigt mit Würde und dem Anlaß entsprechend feierlich hielt, merkte ich, wie die Braut immer nervöser wurde und unruhig auf dem

Stuhl hin- und herrutschte. Ich überlegte mir, ob ich vielleicht etwas Unpassendes gesagt hätte, während der Bräutigam seine Angetraute offensichtlich zu beruhigen versuchte. Also konzentrierte ich mich wieder auf die Predigt und gab mir Mühe, sie gelassen und rasch zu Ende zu bringen. Doch erneut schien die Braut abgelenkt und aufgeregt, ja sie machte sogar Anstalten von ihrem Stuhl aufzustehen, aber ihr Mann faßte sie fest bei der Hand und verhinderte es. Dann trat Gott sei Dank Ruhe ein, und ich war froh, daß ich die Predigt doch noch ohne Zwischenfall hatte beenden können.

Nach der Trauung erkundigte ich mich natürlich sofort bei dem Brautpaar, was eigentlich losgewesen sei.

Da gestand mir die Braut, daß während meiner Predigt eine leibhaftige Kirchenmaus am Altar aufgetaucht und auf der untersten Altarstufe geraume Zeit hin- und herspaziert sei.

»Am liebsten hätte ich laut geschrien, Herr Pfarrer, ich hab' doch solche Angst vor Mäusen, oder wär auf den Stuhl gestiegen. Aber schließlich habe ich mich beruhigt und mir gesagt, daß die katholische Kirchenmaus nur gekommen ist, um sich mal eine evangelische Braut anzusehen.«

Schnürsenkel binden

Es soll Pfarrer geben, die nicht gerne an der Grundschule unterrichten. Zu denen gehörte ich nie – im Gegenteil, ich habe mich immer besonders gefreut, wenn ich Erstkläßlern Religionsunterricht geben durfte. Was für ein großes Vertrauen wird einem da entgegengebracht und welche Sorgfalt ist im Umgang mit diesen zarten Seelen am Platz!

Also stand ich wieder einmal vor meinen Erstkläßlern und sagte:

»Ihr Buben und Mädchen, wenn eins von euch einen kleinen oder großen Kummer hat, so darf er es mir gerne sagen.«

Da dies im Augenblick offenbar nicht der Fall war – keines meldete sich –, sangen wir zuerst einige Lieder. Als ich gerade mit einer Bibelgeschichte beginnen wollte, hob ein Mädchen seine Hand und fragte mit weinerlicher Stimme, ob sie zu mir nach vorne ans Pult kommen dürfe. Ich ermunterte sie mit den Worten:

»Komm nur und sag mir ganz leise, was dich bedrückt.«

Schüchtern trat sie näher. Ich stand auf und ging ihr ein wenig entgegen. Sie aber machte einen

Bogen um mich und steuerte schnurstracks auf meinen Lehrerstuhl zu. Dort schwang sie ihr kleines Bein mit Mühe auf den hohen Stuhl und schluchzte:

»Herr Pfarrer, kannsch du mir amol mein Schuh binda?«

Ich gab mir Mühe, das Lachen zu unterdrücken, griff nach dem Schnürsenkel und fabrizierte die gewünschte Schleife. Mit einem artigen »Dankeschön« eilte die kleine Dame an ihren Platz zurück. Aber jetzt ging es erst richtig los, und an Unterricht war vorerst nicht mehr zu denken. Die halbe Klasse zeigte an, daß auch bei ihnen ein Schuh zu binden sei. Nachdem ich einigen Kindern die gewünschte Schleife gemacht hatte, kam mir ein pädagogischer Einfall. Ich stellte meinen Fuß auf den Stuhl und sagte:

»Hier, wer meinen Schuh binden kann, erhält als Belohnung ein Bildchen.«

Drei Mädchen und einem Jungen gelang das schwierige Werk, und sie erhielten die versprochene Belohnung, wenn sie zuvor den Mitschülern, die es selbst nicht konnten, die Schuhe banden.

Als die Erstkläßler an diesem Tag nach Hause kamen und gefragt wurden, was sie denn heute im Religionsunterricht gelernt hätten, antworteten sie zum Erstaunen der Mütter:

»Schuhe binden!«
Ich aber saß ratlos vor dem Klassenbuch und wußte nicht, was ich eintragen sollte, denn »Schuhe binden« stand ja nicht im Lehrplan. Schließlich kam mir eine Idee, und ich schrieb erleichtert mein Stundenprotokoll.

Als der Schuldekan später den Eintrag las, wußte er nicht recht, was er unter der folgenden Bezeichnung zu verstehen hatte:

Praktische Übungen zum Thema gegenseitiger Hilfe als Ausdruck christlicher Nächstenliebe.

 *wei weiße Bendale*

Die Eltern hatten es nicht leicht, ihren fünfjährigen Sohn für den Besuch des Kindergottesdienstes zu gewinnen. Mehr zufällig, weil sein Freund auch hinging, war er dann eines Sonntags mitgekommen. Zu den biblischen Geschichten wurden Bilder gemalt, es wurde erzählt und gesungen. All das gefiel ihm so gut, daß er von nun an regelmäßig und gerne kam.

Die ersten Male hatte ich den Kindergottesdienst selbst gehalten. Dann wurde ich krank und fiel einige Sonntage aus.

Das war dem Kleinen nicht recht. Offenbar hatte er eine sehr hohe Meinung vom »Herrn Pfarrer«, wie sich bald herausstellen sollte.

Als der Sprößling wieder einmal von der Kinderkirche nach Hause kam, sagte er begeistert zu seinen Eltern:

»Heute war er wieder da!«

»Wer denn?« wollten die Eltern wissen, und der Fünfjährige antwortete:

»Hah, der Gott – ihr kennt ihn doch auch – der große, schwarze Mann mit dene zwei weiße Bendale!«

Vergeblich bemühten sich die Eltern, dem Knaben den Unterschied zwischen dem Pfarrer und dem »lieben Gott« klarzumachen. Er blieb dabei, daß der Pfarrer und der liebe Gott identisch seien und daß er zwei weiße Bendale – sprich Beffchen – trage, damit man ihn sofort erkennen könne.

 farrerswetter

Bis zu jenem denkwürdigen Sonntag kannte auch ich nur das »Kaiserwetter«. Dieser Ausdruck bezeichnet einen strahlend blauen Himmel vom Morgen bis zum Abend. Bei uns in der Gemeinde sprach man indes jahrelang nur noch von »Pfarrerswetter«, und das kam so:
Höhepunkt und krönender Abschluß der Arbeit im Kindergottesdienst war das alljährliche Sommerfest im schönen Bühlertal. Schon Wochen vorher sprachen die etwa achtzig Kinder, die den sonntäglichen Kindergottesdienst besuchten, nur noch von dem bevorstehenden Fest, dem sie ungeduldig entgegenfieberten. Endlich war es soweit, und ich konnte am Sonntag davor stolz verkünden, was die Mitarbeiter der Kinderkirche wieder alles vorbereitet hatten: Kletterbaum und Schatzsuche, Angeln und Bootfahren, Backstube und Malwettbewerb. Zum Schluß sagte ich den Kindern, daß das Gelingen des Festes ganz vom schönen Wetter abhänge, und sie sollten alle fest die Daumen drücken, damit der »liebe Gott« am nächsten Sonntag herrlich die Sonne scheinen lasse.
Als ich mich am Kirchenportal von den Kindern

verabschiedete, wurde ich von zwei kleinen Mädchen mit den Worten getröstet:

»Herr Pfarrer, machen Sie sich nur keine Sorgen wegen dem Wetter. Seitdem Sie bei uns sind, hat es noch bei keinem Sommerfest geregnet.«

Wie mir die Mutter der Mädchen – es waren Zwillinge – später berichtete, trugen die beiden am Samstagabend beim Zubettgehen einen kleinen Streit aus. Die eine wollte nicht nur die Daumen halten, sondern die Bitte um gutes Wetter auch in ihr Abendgebet einfügen. Die andere war strikt dagegen. Der Onkel Hermann habe gesagt, für »gutes Wetter« brauche man nicht zu beten, denn ob die Sonne scheine oder es regne, es sei immer für jemand gut.

Die kluge Mutter schlichtete den Streit, indem sie sagte:

»Jede darf es so machen, wie sie es für richtig findet: Daumen halten oder Hände falten!«

Als am andern Morgen die ersten Sonnenstrahlen durch die Ritzen der Fensterläden ins Kinderzimmer fielen, wurden beide von der Mutter geweckt. Sie stürzten aus dem Bett, rannten zum Fenster, rissen die Fensterläden auf, sahen den strahlend blauen Himmel und riefen im Chor:

»Mutti, heute ist Pfarrerswetter!«

Das Fest war im vollen Gang, und beim gemeinsamen Mittagessen auf der grünen Wiese erhielt ich zufällig neben den beiden Mädchen und ihren Eltern einen Platz. Die Mutter erzählte mir vom »Pfarrerswetter«, und ich fand diese Wortschöpfung so lustig, daß ich sie zum Schluß des Festes öffentlich zum besten gab. Da auch in den folgenden Jahren beim Sommerfest der Kinderkirche die Sonne stets vom strahlend blauen Himmel lachte, was natürlich reiner Zufall war, führte sich das »Pfarrerswetter« im ganzen Ort rasch ein.

Noch heute sagen die Leute in jener Gegend, wenn ein Veranstalter schönes Festwetter hat: »Heute haben wir aber wieder Pfarrerswetter!«

Einfallsreiche Belohnung

Seit geraumer Zeit mußte ich feststellen, daß die Schüler meines Kollegen viel bereitwilliger Liedverse und Bibelsprüche auswendig lernten als die Schüler, die ich unterrichtete. Allmählich begann ich an meinem pädagogischen Konzept zu zweifeln und überlegte, was zu tun sei.

Da fiel mir eines Tages auf, daß der Pfarrkollege stets mit dem Auto in die Schule kam, obwohl sein Pfarrhaus keine 500 Meter vom Schulhaus entfernt lag. Mehr noch machte mich stutzig, daß er nach Unterrichtsschluß ein halbes Dutzend Schüler zu sich ins Auto einsteigen ließ und in Richtung Wald losfuhr.

Natürlich hielt ich es für unter meiner Würde, dem Kollegen nachzuspionieren. Was da vorging, erfuhr ich einige Tage später ganz von selbst.

Nach Schulschluß saß ein Junge aus der Klasse meines Kollegen am Straßenrand und weinte bitterlich. Ich ging zu ihm und fragte, was los sei.

Endlich hatte er sich soweit beruhigt, daß ich ihn verstehen konnte.

»Also der Paul, mei Nebesitzer, hat au bloß drei

Liedvers ond zwei Bibelsprüch könne, aber der hat mit zum Autofahre dürfe. Dabei hat der Herr Pfarrer doch selber g'sagt, daß mindestens drei Vers ond drei Sprüch nötig sind, damit sich a Schüler ans Steuer von seim Auto setza derf.«

Also *das* war der Grund, warum die Schüler meines Kollegen so fleißig Sprüche und Verse lernten!

Die einfallsreiche Belohnung bestand darin, daß die Schüler – je nach Leistung – den VW-Käfer des Kollegen über den Waldweg steuern durften.

Als ich nach Hause kam, sagte ich zu meiner Frau:

»Es wird höchste Zeit, daß ich mir jetzt ein Auto kaufe, damit auch meine Schüler ihre Sprüche und Verse lieber lernen.«

Der »blanke« Konfirmandenvater

Die Zeit für die Anmeldung des neuen Konfirmandenjahrgangs war längst vorbei. Immer diese Nachzügler, dachte ich, als mir an einem Samstagmorgen ein Mann gegenübersaß, der seinen Buben zum Konfirmandenunterricht anmelden wollte. Er bat um Nachsicht, da er mit seinem Sohn erst vor wenigen Tagen zugezogen sei.

Während ich die Karteikarte ausfüllte, erzählte er mir eine herzergreifende Story von seiner Frau, die ihn und den Buben habe sitzen lassen und mit einem amerikanischen Offizier auf und davon sei.

Nun informierte ich den Konfirmandenvater über alle Einzelheiten des Unterrichts und versprach ihm auch Hilfe in seiner schwierigen Lage. Ein so großzügiges Hilfsangebot hätte ich ihm besser nicht machen sollen, denn jetzt bat er mich um fünfzig Mark. Er wolle das Geld nur leihen, am Montag bekomme er Vorschuß und dann würde er mir das Geld zurückbringen.

Das machte mich stutzig, und so zog ich die pfarrerliche Sicherheitsleine. Ich entschuldigte mich für einen Moment, eilte an das zweite Telefon in der Wohnung und rief von dort den Hausbesitzer an, dessen Adresse der Konfirmandenvater mir angegeben hatte. Der aber wußte nichts von einem neuen Mieter. Als ich in mein Amtszimmer zurückkehrte, hatte der Mann offenbar schon Lunte gerochen; er stand unter der Tür und hatte es auf einmal sehr eilig.

»Ich werde wohl auch ohne die fünfzig Mark über die Runden kommen«, sagte er hastig und weg war er.

Ich bildete mir schon ein, einem Pfarrhausbetrüger das Handwerk gelegt zu haben, aber da irrte ich mich. Wie ich später erfuhr, ging er von mir direkt zum Katholischen Pfarramt. Unterwegs war der evangelische Konfirmandenvater gut katholisch geworden, denn beim katholischen Kollegen meldete er »sein Kind« zum Kommunionunterricht an. Er tat das so überzeugend, daß der katholische Pfarrer ihm fünfzig Mark vorstreckte, das Geld und den Vater samt Sohn aber nie wiedersah.

Der Platzverweis

Unser Jugendleiter war sehr beliebt. Immer wieder gelang es ihm, die Jugendlichen mit neuen, phantasievollen Ideen zu begeistern. Nur ich, der neue Pfarrer, tat mich schwer, Zugang zu ihm zu finden. Eines Tages faßte ich mir ein Herz, suchte ihn zuhause auf und sprach mich gründlich mit ihm aus. Als ich spät in der Nacht sein Haus verließ, waren wir Duzfreunde geworden und beide glücklich über diese Annäherung.

Beim Abschied sagte ich scherzhaft zu ihm:

»Bis zum Sonntag in der Kirche. Du weißt ja, ich sehe einen jeden, der nicht da ist.«

Ausgerechnet am darauffolgenden Sonntag mußte er seine Frau und die Kinder morgens zum Bahnhof in die Nachbarstadt fahren, und so kam er ausnahmsweise einmal zu spät zum Gottesdienst. Als ich gerade die alttestamentliche Lesung begonnen hatte, ging die Kirchentür auf, und mein neuer Freund trat ein. Ich aber begrüßte ihn vom Altar mit den Worten der Lesung:

»Hinaus, hinaus, du Bluthund, du ruchloser Mann!« (2. Samuel 16, 8)

Etwas verlegen setzte er sich in die letzte Bank. Nach dem Gottesdienst kam er zu mir in die Sakristei und sagte:

»Begrüßt man so seinen neuen Freund in der Kirche?«

Beide lachten wir von Herzen und sind trotz dieses Platzverweises bis zum heutigen Tag gute Freunde geblieben.

 ie Axt im Haus

Es war die ärmste und schwierigste Familie meiner Gemeinde. Sie hausten in einem halb verfallenen Haus in der Innenstadt. Der Vater war Alkoholiker und ein brutaler Schläger. Die resolute Mutter gab sich redlich Mühe, die acht Kinder durch die Schule und in eine Lehre zu bringen. Mit den Kindern gab es viel Ärger in der Schule, und so hatte ich wieder einmal einen Hausbesuch zu machen. Ich traf nur die Frau an, und sie klagte mir ihr Leid, ohne daß ich ihr viel helfen konnte. Während des Gesprächs war mir eine große Axt aufgefallen, die jedem Schwarzwälder Holzfäller Ehre gemacht hätte. Die Axt lehnte neben einer alten Kommode in der Ecke.

Plötzlich ging die Tür auf, und der angetrunkene Mann betrat fluchend den Raum. Als er mich sah, stürzte er auf mich los und wollte mich am Kragen packen. Die resolute Frau aber griff zu der großen Axt, drängte ihren Mann mit dem Stil in die Ecke und befahl ihm, sich sofort auf die Couch zu setzen. Er aber verließ wütend das Zimmer. Nachdem ich der Frau mein Anliegen in bezug auf die Kinder erläutert hatte, stand ich eilends auf, froh das Haus wieder verlassen zu können. Sie aber griff zur Axt und begleitete mich zur Haustür. Dort bat sie mich, bald wieder zu kommen:

»Vor meinem Mann brauchen Sie keine Angst zu haben. Der steht zwar manchmal mit der Axt hinter der Haustür, aber bis jetzt bin ich immer noch mit ihm fertiggeworden.«

Bedrückt und niedergeschlagen kehrte ich ins Pfarrhaus zurück und mußte mich erst etwas ausruhen. Meiner besorgten Frau sagte ich:

»Stell dir vor, es gibt eine Familie in unserer Gemeinde, da werden die Probleme leider mit der Axt gelöst.«

Striptease

Pfarrerskinder sind nicht besser und nicht schlechter als andere Kinder; manche haben aber so ihre Eigenheiten.

Eine unserer Töchter tat nichts lieber, als mit ihrem Dreirad im ganzen Städtle herumzukurven. Gewiß, die Gefahr war nicht sehr groß, denn sie fuhr auf dem Bürgersteig, und Autos gab es damals nur wenige. Das Problem war vielmehr, daß sie sich oft so weit von Zuhause entfernte, daß sie manchmal nicht mehr allein heimfand. Irgendein hilfreiches Gemeindeglied brachte sie dann wieder zurück.

Eines Tages aber hatte sie sich etwas ganz Besonderes ausgedacht. Um mit Sicherheit den Weg wiederzufinden, machte sie es wie weiland Hänsel mit den Brotstückchen und markierte ihre Spur.

Nach etwa hundert Metern zog sie ihr Jäcklein aus und warf es auf den Bürgersteig; nach weiteren hundert Metern folgte das Röcklein und so fort, bis sie schließlich alles ausgezogen hatte, was sie am Leibe trug. Sicherlich hat sich so mancher Fußgänger über den mit Kinderkleidung verzierten Gehweg gewundert.

Meine Tochter hatte inzwischen ihr Ziel, den Feuersee, erreicht und schaute dort im Evakostüm und vom Dreirad aus den Schwänen zu.

Kurze Zeit später klingelte eine Nachbarin am Pfarrhaus und sagte zu meiner überraschten Frau:

»Wenn Sie Ihr Töchterlein suchen, die sitzt splitternackt auf ihrem Dreirädchen und füttert die Schwäne am Feuersee.«

Meine Frau ging sofort los und folgte den Kleiderspuren. Sie erwischte die Ausreißerin gerade, wie sie vom Feuersee stadteinwärts radeln wollte und sagte zu ihr mit vorwurfsvoller Stimme:

»Du kannst doch nicht so splitternackt in der Stadt herumfahren!«

Dieser Tadel traf unsere Tochter offenbar in ihrer Mädchenehre und kränkte sie tief, denn sie stammelte in weinerlichem Ton:

»Das stimmt doch gar nicht, ich hab' ja noch den Strohhut auf, den du mir zum Geburtstag geschenkt hast.«

Unter einer Decke

In meiner Anfangszeit als Pfarrer hielt man es in der Kirche noch für das Beste, wenn Buben und Mädchen in getrennten Gruppen zusammenkamen. Als meine Frau und ich mit gemischten Gruppen Jungschar- und Jugendfreizeiten veranstalteten, wurde unser Unternehmen daher mit sehr kritischen Blicken betrachtet. Wir wußten das und trafen Vorkehrungen, daß alles mit rechten Dingen zuging und niemand uns etwas Schlechtes nachsagen konnte.

In jenem Freizeitheim, das wir uns ausgesucht hatten, ließ sich die Trennung der Geschlechter im Schlafbereich leicht und gut organisieren; im ersten Stock waren die Schlafräume für die Mädchen, im zweiten die für die Buben. In der Mittagspause und nach 22 Uhr war es streng verboten, die Schlafräume des anderen Geschlechts zu betreten.

Das ging während der ersten Woche ganz gut. Mit der Zeit aber wurde das gegenseitige Interesse übermächtig, und es gab eine Reihe von klcinen Liebschaften, denen meine Frau und ich mit verschärften Kontrollen begegneten. Die vorbeugenden Maßnamen zeigten Wirkung, und so fühlten wir uns schon als pädagogische Sieger, bis es am vorletzten Abend zu einem peinlichen Zwischenfall kam.

Ich erwischte zwei Mädchen gerade, wie sie kurz nach 22 Uhr aus einem Bubenschlafraum schlichen. Weil sie sich artig entschuldigten und angaben, sie hätten den »boys« nur einige Bücher gebracht, ließ ich es bei einer kleinen Strafpredigt bewenden. Ich wußte aber nicht, daß ein drittes Mädchen, das sich bei meinem Erscheinen nicht mehr herausgetraut hatte, hinter der Tür wartete, bis die Luft rein war.

Ahnungslos näherte ich mich der Schlafraumtür, durch die beide Mädchen eben geschlüpft waren. Durchs Schlüsselloch sah der »Wächter« mich kommen, und das so gewarnte Mädchen wußte sich nicht anders zu helfen, als mit einem Satz in das Bett eines Buben zu springen und sich unter dessen Bettdecke zu verstecken.

Bei meinem Eintritt benahmen sich die Buben so harmlos wie möglich, dennoch fiel mir das seltsame Gewurschtel unter einer der Bettdecken auf. Mit einem Ruck zog ich die Decke weg und enthüllte die »Bescherung«: ein Mädchen und ein Junge unter einer Decke!

Dem verdutzten Mädchen befahl ich, sofort mit mir in das Leiterzimmer zu kommen. Dort brach sie in Tränen aus und beteuerte ihre Unschuld.

»I ben ja bloß aus Angst vor Ihne in des Bett g'hopft, und außerdem isch des mei Vetter!«

Die Buben bestätigten mir den Hergang, und ich sah von jeglicher Bestrafung ab. Schließlich mußte ich ehrlicherweise eingestehen, daß ich selbst an der Handlungsweise des Mädchens schuld war. So ist es oft im Leben: Man glaubt, etwas Gutes zu tun, und beschwört nur Schlechtes herauf.

Kontrolle ist gut, aber Vertrauen ist oft besser.

Die Nachtruhestörung

Das Freizeitheim, das wir diesmal ansteuerten lag etwas außerhalb des Ortes. Das war uns sehr recht, weil wir so die Einheimischen nicht störten. Den Nachteil dieser isolierten Lage erkannten wir erst einige Tage später.

Bei unseren Freibadbesuchen hatte die männliche Dorfjugend offenbar die Schönheit unserer Mädchen entdeckt. Eines Nachts statteten sie uns einen Besuch ab. Sie kletterten an der Dachrinne hoch, rissen die Fensterläden der Schlafräume auf, und einige machten sogar Anstalten, bei den Mädchen einzusteigen.

Die Mädchen wachten auf und schrien um Hilfe.

Fluchtartig verließen sie die Schlafräume und rannten in den Speisesaal. Vom Lärm geweckt, waren wir inzwischen alle auf den Beinen. Ich schaltete die Außenleuchten an, schloß eine Nebentür auf und ging hinaus vor das Freizeitheim. Da sah ich gerade, wie fünf oder sechs Halbwüchsige von der Hauswand heruntersprangen. Als sie mich entdeckten, nahmen sie eine drohende Haltung ein.

Ich versuchte die Burschen zu beruhigen, indem

ich ihnen sagte, wir würden durchaus einen Spaß verstehen, aber den Mädchen solche Angst einzujagen, das gehe wohl zu weit.

Sie gaben mir freche Antworten, nannten mich »Haremswächter« und anderes mehr.

Von drinnen hatte man alles beobachtet und bereits auf der Polizeistation angerufen. Die Polizisten hatten auch versprochen, zu kommen. Eine Jungscharleiterin öffnete das Fenster und drohte den Halbstarken mit der in Kürze eintreffenden Polizei. Das beeindruckte die Burschen nicht im mindesten, im Gegenteil, sie lachten nur verächtlich über die »Bullen«.

Nun änderte ich meine Taktik. Man solle die Polizei aus dem Spiel lassen, forderte ich, die jungen Männer seien schließlich keine Kriminellen und das Ganze nur ein dummer Jungenstreich. Aber auch das fruchtete nicht, die Burschen machten vielmehr Anstalten, ins Haus einzudringen. Ich aber war schneller und schloß ihnen die Tür vor der Nase zu.

Inzwischen war die ortsansässige Köchin eingetroffen und fragte gelassen, wie lange das Theater schon gehe. Nach einem Blick auf die Uhr antwortete ich, es habe vor etwa einer halben Stunde begonnen. Da beruhigte sie mich und die Mädchen mit den Worten:

»Dann wird alles gleich zu Ende sein.«

Sie behielt Recht. Mit einem Schlag verschwanden die Kerle, und die Polizei kündigte ihr Kommen mit Blaulicht und Sirene an.

Sichtlich erleichtert feierten wir das Erscheinen der Polizei wie einen großen Sieg. Bald war alles beredet, die Beamten verabschiedeten sich, und im Haus wurde es wieder ruhig. Nachdem die Mädchen zu Bett gegangen waren, fragte ich die Köchin, wie sie denn habe wissen können, daß die Burschen bald abzögen und die Polizisten erst danach erschienen.

»Ach«, sagte sie, »bei uns ist das so: Die Polizei will keinen Ärger mit den Kerlen, und die wollen keinen Ärger mit der Polizei; deshalb kommen die Polizisten immer erst eine halbe Stunde nach dem Anruf ins Freizeitheim.«

»Gar nicht schlecht«, antwortete ich, »nur wissen sollte man das!«

Und so schrieb ich kurz vor meinem Weggang unter die Hausordnung des Freizeitheims:

Polizei kommt erst eine halbe Stunde nach dem Anruf.

Mit pünktlicher Verspätung

Die ältere Dame war eine unserer fleißigsten Kirchgängerinnen. Jeden Sonntag saß sie auf ihrem Platz in der zweiten Kirchenbank vorne rechts.

Regelmäßigkeit war ihre Stärke, Pünktlichkeit weniger. In der Regel erschien sie beim letzten Vers des Eingangsliedes. Schwarz gekleidet und schick behutet schritt sie durch den Mittelgang, freundlich nach rechts und links grüßend. An ihrem Stammplatz angekommen, zeigte sie ihre Anwesenheit durch vornehmes Hüsteln oder feines Schnäuzen in ihr Spitzentaschentuch an. Sie war da, nun konnte der Gottesdienst beginnen!

Eines schönen Sonntags aber unterlief ihr ein schwerer Zeitfehler. Man sah sie mit anderen Gottesdienstbesuchern sich in Richtung Kirche bewegen. Das machte sie stutzig, denn an den anderen Sonntagen war sie zu dieser Zeit stets allein unterwegs zur Kirche. War denn heute der Gottesdienst nicht wie alle Sonntage auf 9.30 Uhr angesetzt?

Vor der Kirche angekommen, fragte sie ihre Mitchristen nach der Uhrzeit. Als man ihr sagte, es sei »zehn vor halb«, was auf hochdeutsch 9.20 Uhr heißt, machte sie auf dem Absatz kehrt und sagte:

»Mein Gott, da bin ich ja viel zu früh, da gehe ich noch für ein Viertelstündle nach Haus.«

Und so geschah es, daß sie auch an diesem Sonntag ganz pünktlich zu spät kam.

Der verhinderte Bräutigam

Mit Brautpaaren macht man es als Pfarrer am besten wie mit Kindern: Man nimmt sie so, wie und wann sie gerade kommen. Die einen erscheinen mit Schlips und Kragen, die andern in abgewetzten Jeans, und es gibt auch welche, die für ein Traugespräch fast keinen Termin freihaben.

Bei allen Terminen, die ich dem jungen Brautpaar für das notwendige Traugespräch vorschlug, sagte der Bräutigam:
»Da kann ich leider nicht.«
Mich wunderte, wie ein junges Paar, das so gerne heiraten wollte, wie mir die beiden mehrfach versichert hatten, so wenig Zeit erübrigen konnte. Wo ein Wille ist, ist auch ein Weg, dachte ich bei mir und ob wohl der Bräutigam tatsächlich den rechten Willen besaß?
Während die beiden aufgeregt miteinander flüsterten, fiel mir auf, daß der Bräutigam an seinen Fingern abzählte. Schließlich strahlte er mich erleichtert an:
»Am Samstagabend in vier Wochen!«
In den nächsten Tagen erkundigte ich mich bei

der Mesnerin nach dem »unabkömmlichen«
Bräutigam. Sie druckste ein wenig herum und
wollte nicht recht mit der Wahrheit herausrük-
ken. Schließlich einigten wir uns, daß sie nur ein
Wörtchen zu sagen brauche, also flüsterte sie
mir ins Ohr:

»Freigänger!«

Daran hatte ich in meiner pfarrerlichen Unschuld nun wirklich nicht gedacht.

Man lernt halt nie aus.

Die alte Schachtel

Unter dem Dach des Gemeindehauses wohnte eine ältere Witwe, mit der nicht gut Kirschen essen war. Nach einiger Zeit erfuhr auch ich, daß die Jugendlichen ihr den Spitznamen »alte Schachtel« gegeben hatten. Aber den Grund für die Verleihung dieses wenig schmeichelhaften Titels sagte man mir nicht.

Eines Tages hatten wir eine Menge gebrauchter Kleider an das Diakonische Werk zu verschikken.

Die Jugendlichen hatten beim Kaufmann eine große Anzahl Kartons besorgt, doch als wir am Abend gemeinsam alles wohl verpackt hatten, fehlte uns noch ein einziger Karton. Wo sollten wir den jetzt noch hernehmen?

Einige der Jugendlichen kicherten und meinten, sie wüßten schon, wo man jetzt noch eine »Schachtel« bekommen könnte, nämlich bei der alten Witwe im Dachgeschoß des Gemeindehauses. Den Grund für ihr Kichern konnte ich mir jedoch nicht zusammenreimen.

So ging ich ahnungslos nach oben und klingelte. Als die alte Frau mit griesgrämigem Gesicht öffnete, sagte ich:

»Verzeihung, haben Sie vielleicht eine alte Schachtel?«

Sie stutzte einen Augenblick, wurde rot im Gesicht, dann bat sie mich einzutreten. Kaum hatte ich den Flur betreten, sah ich, daß er rechts und links mit alten Kartons vollstand. Sie nahm eine der oberen Schachteln herunter und fragte, ob die wohl passend sei. Ohne meine Antwort abzuwarten, trat sie in die Stube, deutete auf eine Menge aufgestapelter Kartons und sagte:

»Bitte, nehmen Sie sich, was Sie brauchen.«

Ich war etwas unschlüssig, denn so viele alte Schachteln hatte ich noch bei niemand im Wohnzimmer gesehen.

Mein Zögern veranlaßte sie, die Schlafzimmertür zu öffnen. Auch dort jede Menge Schachteln: kleine und große, alte und neue.

Jetzt bekam ich einen roten Kopf, denn plötzlich war mir klar, warum sie von allen nur »alte Schachtel« genannt wurde. Zugleich wurde mir auch bewußt, auf was ich mich da eingelassen hatte, gerade bei ihr nach »alten Schachteln« zu fragen. Ich nahm fünf alte Schachteln, obwohl ich nur eine brauchte.

Dankbaren und bewegten Herzens sagte sie mir bei der Verabschiedung:

»Wissen Sie, meine Tochter schimpft immer mit mir, weil ich alles aufbewahre. Erst gestern habe ich zu ihr gesagt: ›Du wirst sehen, irgendwann wird jemand kommen, der alte Schachteln braucht‹; aber daß Sie das sind, Herr Pfarrer, das freut mich ganz besonders.«

Als ich mit meinen fünf Kartons in den Jugendraum zurückkam, wurde ich von den Jugendlichen mit einem soeben kreierten Song empfangen:
»*In der Wüste gab's einst Wachteln, doch bei uns gibt's alte Schachteln!*«

Späte Aufklärung

Der junge Pfarrer war mit der Überzeugung in die Gemeinde gekommen, daß der Mangel an sexueller Aufklärung an vielem schuld sei. Da war sicher etwas Wahres dran, denn Verklemmung und falsche Moral gab es in der Kirche zu allen Zeiten mehr als genug. Der junge Kollege in seinem missionarischen Eifer aber betrieb Aufklärung nicht nur bei passenden, sondern auch bei unpassenden Gelegenheiten, so auch in der Winterbibelstunde. Leider wurde sie von keinem einzigen Jugendlichen und auch von keiner Männerseele besucht, nur der ältere Kollege und der Ruhestandspfarrer vertraten das männliche Geschlecht. Zur Bibelstunde kamen in der Regel zwanzig ältere Frauen im Alter von fünfundsechzig bis fünfundachtzig Jahren.

In jenem Jahr befaßte sich die Bibelstunden-Gemeinde mit der Schöpfungsgeschichte. Der junge Kollege streifte in seiner Auslegung die ersten fünf Schöpfungstage nur kurz, um dann zu seinem Lieblingsthema zu kommen: »*Mann und Frau werden ein Fleisch sein.*« Über das »Fleisch« verstand der Kollege so anschaulich zu reden,

46

daß an diesem Abend keine der älteren Frauen auch nur ein Auge zutat. Nur der Ruhestandspfarrer saß tief in sich versunken auf seinem Stuhl und tat durch eine derart geheuchelte Gleichgültigkeit seine Mißachtung über den Aufklärer kund. Mir wurde es auch langsam zuviel, und so war ich froh, als der Kollege den baldigen Schluß ankündigte. Geschickt räumte er ein, daß man darüber möglicherweise auch anders denken könne und er wolle jetzt noch Gelegenheit geben für Kritik oder Ergänzungen.

Das war am Ende einer solchen Aufklärungsstunde ein riskantes Unternehmen. Gut, daß die Kollegen schwiegen. Schließlich, als die Pause schon geradezu peinlich zu werden drohte, richtete sich eine fünfundsiebzigjährige Bäuerin in ihrem Stuhl etwas auf und sagte:

»Herr Pfarrer, des hätt' mer alles früher wissa müssa.«

Geschäftsschädigung

In dem alten Schloß befand sich nicht nur ein erstklassiges Hotel, sondern auch eine Schloßkapelle. Der Hotelier hatte es in erster Linie auf Brautpaare abgesehen und in dem mittelalterlichen Turm extra ein Hochzeitsschlafzimmer einrichten lassen. Auch empfahl er die Schloßkapelle für kirchliche Trauungen. Die Sache hatte nur einen kleinen Haken: Kein Pfarrer fühlte sich für die Schloßkapelle zuständig. So brachten die meisten Paare ihren Gemeindepfarrer zur Trauung mit, aber manchmal klappte das nicht. Dann rief der Hotelier bei mir an und sagte:

»Herr Pfarrer, können Sie uns mal wieder aushelfen? Es handelt sich um ein sehr nettes Paar. «

Immer wieder ließ ich mich erweichen, und manchmal waren es sehr schöne Begegnungen, an die ich heute noch gerne zurückdenke.

Bei einem der Paare fiel mir beim Traugespräch auf, daß sie beide sehr gut gekleidet waren und wohl auch die nötige Reife für die Ehe mitbrachten.

Als ich pünktlich vor der Schloßkapelle stand,

kündigte sich die Hochzeitsgesellschaft wie üblich durch das scheinbar unvermeidbare laute Hupen an, doch diesmal waren ganz ausgefallene darunter. Kein Wunder, die ganze Gesellschaft fuhr in den nobelsten und teuersten Oldtimern vor. Und dann diese Garderobe! Vom Jüngsten bis zum Ältesten sahen alle aus, als wären sie gerade einem Pariser Modesalon entsprungen. Ich kam mir in meinem schwarzen Talar und der kleinen Alba fast ärmlich vor.

Während des feierlichen Zuges in die Schloßkapelle änderte ich meine Traupredigt über Matthäus 6, 33 »Vom Reich Gottes« um und entschloß mich, die unnötigen Sorgen vieler Leute in den Vordergrund zu stellen. Also ließ ich in der Traupredigt die Worte Jesu erklingen:

»Sorget nicht um euer Leben, was ihr essen und trinken werdet; auch nicht, was ihr anziehen werdet. Ist nicht das Leben mehr als die Speise und der Leib mehr als die Kleidung?«

Nach der Trauung wurde ich zum Hochzeitsmahl ins Schloßrestaurant geladen. Bei der Tischrede bedankte sich der Brautvater in aller Form bei mir dafür, daß ich bereit gewesen sei, die Trauung zu halten, besonders danke er für die »geschäftsschädigende« Predigt.

Riesenapplaus von der ganzen Gesellschaft antwortete ihm.

Jetzt erst erfuhr ich, daß die Eltern des Bräutigams in der Großstadt ein großes Bekleidungshaus und die Eltern der Braut ein großes Restaurant betreiben. Da das mit dem »Essen und Trinken« und dem »Bekleiden« ja keine Kunden gehört hätten, wollten sie mir diese »Geschäftsschädigung« noch einmal verzeihen.

# Pfarrers Gaul

Zu manchen alten Pfarrhäusern gehören so große Grundstücke, daß man entweder ein Pferd halten oder einen Tennisplatz anlegen kann. Da bei uns die pferdebegeisterten Mädchen in der Überzahl waren, entschlossen wir uns zur Anschaffung eines ausgewachsenen Haflinger Fuchswallachs. Kaum galoppierte er auf der großen Wiese beim Pfarrhaus, sprach man in der Gemeinde tagelang fast nur noch über »Pfarrers Gaul«. Da die Wiese direkt neben dem Kindergarten und der Schule lag, hatten auch die Kinder und Schüler ihre helle Freude an dem Pferd.

Bei meinen Besuchen in den Häusern wurde ich nun immer gefragt, wie es der Frau, den Kindern und dem Gaul gehe. Einige Pferdezüchter sparten nicht mit gutem Rat und warnten vor den gefährlichen Koliken.

Der Fuchs war nicht nur sehr kinderfreundlich, sondern auch überaus musikalisch. Wenn der Musikzug des Sportvereins seine Übungsstunde in der nahen Turnhalle abhielt, trabte der Haflinger ein bis zwei Stunden im Takt über seine Koppel. Manchmal aber war der Gaul auch dickköpfig. Selbst bei heftigen Gewittern konnte man ihn nicht dazu bewegen, in seinem Unterstand Schutz zu suchen. Krank war der Haflinger dennoch nie und er brauchte auch keinen Tierarzt, bis zu dem Tag, über den ich nun berichten will.

Eine gemeinsame Sitzung von Ortschaftsrat und Kirchengemeinderat unter Vorsitz des Herrn Dekan war anberaumt worden. Im Nebenzimmer des Gasthauses hatten alle Platz genommen, und die Gespräche über gemeinsam interessierende Fragen verliefen zur allseitigen Zufriedenheit. Da platzte mitten in die Sitzung ein Bauer herein und rief:

»Herr Pfarrer kommet Se schnell, Ihr Gaul hot a Kolik!«

Der Dekan stockte einen Augenblick, schaute in die Runde, wartete ab, aber noch ehe ich aufstehen konnte, waren einige der Räte aufgesprungen:

»Herr Pfarrer bleibet Se do, des machet mir scho.«

Dem stimmten alle zu, auch der Dekan hatte gegen diese pferdefreundliche Reaktion nichts einzuwenden und setzte die Sitzung fort. Bald kehrten die Räte zurück und sagten, es sei nicht so schlimm mit Pfarrers Gaul.

Nachdem der offizielle Teil der Sitzung beendet

war, gab es beim Essen und Trinken für den Rest des Abends nur noch ein Thema: »Pfarrers Gaul«. Dem Dekan erzählten Kenner reizende Pferdegeschichten, und man hätte meinen können, Reiter seien unter sich.

Als ich zu später Stunde vom Gasthaus ins Pfarrhaus unterwegs war, sagte ich mir:

»Besser sie schwätzet über Pfarrers Gaul wia über Pfarrers Maul.«

Der Druckfehler

Die neugotische Kirche wurde im April 1945 infolge schweren Artilleriebeschusses der siegreichen Alliierten ein Raub der Flammen. Die Hitzeentwicklung war so groß, daß das Erz der alten Glocke schmolz und klumpenweise auf den Altar hinunterfiel. Nur die Grundmauern des Turms und die Umfassungsmauern des Kirchenschiffs waren stehengeblieben.

In der Nachkriegszeit gelang es einem rührigen Pfarrer, Kirche und Turm wieder aufzubauen und schon 1949 konnte die Kirche wieder eingeweiht werden. Nur für die Kunst blieb vorderhand kein Geld. Schließlich wurde von einigen Gemeindegliedern ein neues, farbiges Chorfenster gestiftet.

Die Glasmalerei eines Stuttgarter Künstlers zeigt die Szene aus dem Evangelium, wie Jesus den sinkenden Petrus rettet. Die Gemeinde war mit dem Chorfenster nicht ganz zufrieden, da es etwas zu dunkel ausgefallen sei, und so kam der Vorschlag, es an die hellere Südseite zu versetzen.

Nach dreißig Jahren endlich konnte man den alten Plan verwirklichen und ein neues Chorfenster in Auftrag geben. Als die Kirchenrenovierung abgeschlossen war, gehörte es zu meinen Aufgaben, ein Festprogramm zu verfassen, in dem die kirchliche Kunst erläutert wurde.

500 Exemplare dieses »kleinen Kirchenführers« wurden auf allerbestes Papier gedruckt und an die Konfirmanden ausgehändigt, damit diese das Heft am Kirchenausgang an die Gemeindeglieder verteilten. Einige der Konfirmanden fingen aber schon in der Kirche zu lesen an. Auf einmal gab es große Unruhe und ein anhaltendes Kichern und Lachen. Mit strafenden Blicken rief ich die Konfirmanden zur Ordnung, aber sie konnten sich kaum beruhigen.
Hinterher kamen sie zu mir und zeigten auf eine Textstelle. Was mußte ich da lesen?

Dieses Kirchenfenster behandelt das Thema: Jesus rettet den stinkenden Petrus.

Da ich den Text selbst verfaßt und den Druckfehler übersehen hatte, blieb mir nichts anderes übrig, als herzlich mitzulachen.

Die Aktentasche

Die ältere Mesnerin war sehr amtserfahren, hatte sie doch schon zwei Pfarrern bis zu deren Pensionierung mit großer Treue gedient. Und sie war fest entschlossen, es mit mir, dem neuen und jungen Pfarrer, auch so zu halten.

Am ersten Sonntagmorgen nach meinem Dienstantritt erschien sie nach dem zweiten Läuten im Pfarrhaus, um meine Aktentasche und den Talar abzuholen. Zu ihrem Mißfallen hatte ich meine Aktentasche noch nicht fertig gerichtet.

Ich bat sie um Verständnis und erklärte, ich sei doch jung und gesund und könne meine Tasche selbst in die Kirche tragen. »Und der Talar kann überhaupt in der Sakristei bleiben.«

Das hätte ich nicht sagen dürfen, denn nun mußte ich mir eine strenge Lektion in Pastoraltheologie anhören:

»Ein Pfarrer ist immer im Dienst und muß seinen Talar stets zur Hand haben. Denken Sie doch mal an die Würde des Pfarrers. Es geht doch nicht, daß Sie am heiligen Sonntag eine Last zur Kirche schleppen. Was würden denn die Gemeindeglieder von mir denken,

wenn ich meine Pflichten so sträflich vernach-
lässigte.«

Fürs erste fügte ich mich, dennoch war ich fest
entschlossen, diesen »alten Zopf« bei Gelegenheit abzuschneiden.

Nun hat auch ein Pfarrer einmal einen freien
Sonntag. Er kann sich diesen guten Gewissens
leisten, wenn er einen Ruhestandspfarrer kennt,
der ihn freundlicherweise vertritt. Zu meinem
Glück gab es in diesem Dekanat fast ein halbes
Dutzend so gefälliger Kollegen. Derjenige, der
diesmal meinen Gottesdienst übernahm, hatte
bereits die Kirchenlieder durchgegeben. Auch
die Mesnerin und der Kirchenpfleger waren
über die Vertretung verständigt.

Am Montag schrillte in aller Herrgottsfrühe das
Telefon. Aus dem Hörer ertönte die ungehaltene
Stimme meines Kollegen, des Ruhestandspfar-
rers vom Sonntag.

»Also, Herr Bidermann, so was wie gestern ist
mir in meiner ganzen Amtszeit nicht passiert!«

»Was ist geschehen?« fragte ich überrascht,
denn ich hatte am Abend von keinem Unglück
während des Gottesdienstes erfahren.

»Stellen Sie sich vor, als ich am Sonntagmorgen
mein Auto vor der Kirche parke, kommt eine
mir unbekannte ältere Frau gelaufen, reißt die
Beifahrertür auf, sagt keinen Ton, sondern

schnappt meine schwarze Aktentasche und rennt in Richtung Sakristei auf und davon. Nachdem ich mich von meinem Schreck erholt hatte, bin ich aus dem Auto gesprungen und der Frau nachgerannt. ›Was fällt Ihnen ein!‹ habe ich gerufen, ›Geben Sie mir meine Tasche sofort zurück, ich bin der Pfarrer und brauche sie für den Gottesdienst. Sie können doch nichts damit anfangen!‹ Ich habe versucht, der Frau die Tasche zu entreißen, aber sie ist schneller gewesen. Erst vor der Sakristeitür hat sie angehalten und zu mir in strengem, tadelndem Ton gesagt:

›Herr Pfarrer, *ich* bin hier die Mesnerin, und es ist meine Pflicht und Schuldigkeit, den Herrn Pfarrern die Tasche in die Sakristei zu tragen.‹«

Aktive Senioren

Zu den schönsten Erinnerungen unserer Seniorenarbeit gehören die vielen Ausflüge in die Nähe und Ferne. Aus dem üblichen Rahmen fielen die Freizeiten für Senioren in Teneriffa. Für mehr als die Hälfte der im Schnitt Siebzigjährigen war der über vierstündige Flug der erste ihres Lebens und daher überaus aufregend.

In der spanischen Freizeitanlage »Miraverde« fühlten wir uns alle sehr wohl; einziger Mangel: es gab keinen Andachtsraum. Damals, unter dem Regime von General Franco, war die politische und religiöse Toleranz eng begrenzt. Eines Tages erlaubten die Behörden doch den Bau eines evangelischen Andachtsraumes in der Freizeitanlage.

Als wir mit unserer Seniorengruppe ankamen, war gerade der »Rohbau« fertig. Die Besichtigung setzte bei den alten Leuten offenbar verborgene Reserven frei.

»Herr Pfarrer«, sagten sie mir, »wir wollen die ersten sein, die den Andachtsraum benutzen.«

In den folgenden Tagen brach unglaublicher Arbeitseifer aus. Einige Männer zimmerten mit einfachsten Mitteln ein Holzkreuz, die Frauen besorgten eine Altardecke, Leuchter und einen Abendmahlskelch.

Eine Gruppe bereitete mit mir den Gottesdienst vor: Lesungen und Gebete. Und alle übten ein paar »neue« Lieder.

Am Sonntag wurde »eingeweiht«, und obwohl der Gottesdienst natürlich freiwillig war, fehlte nicht ein einziger. Keiner, der damals dabei war, wird diesen evangelischen Gottesdienst in dem nahezu ausschließlich katholischen Land je vergessen.

Ein älterer Herr meiner Gemeinde, der zu Hause so gut wie nie in die Kirche ging, sagte mir später auf einem Spaziergang im Vertrauen:

»Herr Pfarrer, ich wußte gar nicht, daß Gottesdienst so schön sein kann.«

Heiliges Ofenrohr

In der alten Kirche stand ein gußeiserner Ofen aus Wasseralfingen, der jedem Ofenmuseum alle Ehre gemacht hätte. Aber auch das Ofenrohr war sehenswert, es führte in mehreren Winkelzügen, etwa acht Meter lang, zum Kamin.

Und diesen Ofen mußte die alte Mesnerin im Winter alle Samstagabende anheizen. Dabei kam es immer wieder zu unliebsamen Zwischenfällen. Einmal lagerte so dicke Luft auf dem Kamin, daß der Qualm nicht durch das Rohr abzog, sondern sich in der ganzen Kirche ausbreitete, so daß Altar und Kanzel kaum noch zu erkennen waren. Ein anderes Mal wieder zog der Kamin zu kräftig durch, und das Ofenrohr begann so stark zu glühen, daß die Mesnerin sogar die Feuerwehr hatte alarmieren müssen.

Schon mehrfach hatte sie sich bei einzelnen Kirchengemeinderäten beschwert, die es auch nicht an den erforderlichen Vertröstungen hatten fehlen lassen; aber es blieb alles beim alten. Die Mesnerin, eine ältere Witwe, war auf die Einnahmen angewiesen, und so konnte sie es sich

nicht leisten, den »Bettel einfach hinzuschmei-
ßen«.

Eines späten Samstagabends ging ich in die
Kirche, um einiges für den Gottesdienst vor-
zubereiten. Weil ich nicht unnötig Strom ver-
brauchen wollte, benützte ich meine Taschenlampe.
Als ich gerade in der Sakristei bin, höre ich die
Mesnerin kommen. Um sie nicht zu erschrek-
ken, schalte ich die Taschenlampe aus. Durch
eine Öffnung in der Sakristeiwand aber kann ich
alles im Kirchenraum sehen und hören.

Also beobachte ich die Mesnerin, wie sie zu dem
alten Kirchenofen geht und letzte Vorbereitungen für das Anheizen trifft. Sie greift zu Papier
und Streichhölzern und kniet sich vor das Ofen-
loch. Plötzlich legt sie beides wieder auf den Boden, erhebt die Hände nach oben und spricht ein
ergreifendes Gebet.
»Bitte, lieber Gott, laß doch den Pfarrer und den
Kirchengemeinderat ein Einsehen haben und laß
sie eine elektrische Kirchenheizung anschaffen,
wie die Nachbargemeinde schon eine hat.« Zum
Abschluß bittet sie noch um einen guten Zug
des Kamins, damit die Kirche nach dem Groß-
putz nicht gleich wieder so verrauche.
Der Zug ist an diesem Abend gut, der Ofen

brennt wunderbar, und so verläßt die Mesnerin nach geraumer Zeit die Kirche.

Jetzt kann auch ich die Sakristei verlassen und gehe sofort in mein Amtszimmer. Ich hole die Mappe »Kirchengemeinderat« und schreibe für die nächste Sitzung auf:

Tagesordnungspunkt Nummer 1: Gebetserhörung: Elektrische Kirchenheizung dringend benötigt.

Die himmlische Lohnerhöhung

Zu den Pflichten eines Pfarrers gehört es, dafür zu sorgen, daß alle verstorbenen Gemeindeglieder christlich und mit den entsprechenden Ehren unter die Erde kommen. In diesem Fall handelte es sich um kein schwieriges Begräbnis. Die Verstorbene war jahrzehntelang in der größten ortsansässigen Firma Putzfrau gewesen und für ihre Nachkommen war auch gesorgt. Dennoch ist man bei Begräbnissen nie vor Überraschungen sicher.

So war ich ziemlich erstaunt darüber, daß der Gewerkschaftssekretär mit einem großen Kranz beim Begräbnis erschien und auch einen Nachruf anmeldete. Die gute alte Frau war also in der Gewerkschaft – alle Achtung – dachte ich, das hätte ich ihr gar nicht zugetraut.

Mein Dienst am Grab war getan und nach den Altersgenossen war nun der Gewerkschaftssekretär an der Reihe. Er hielt eine ergreifende Rede. Zuletzt sagte er:

»Gerade jetzt, wo wir für dich eine große Lohnerhöhung erstritten haben, mußtest du sterben. So bekommst du nicht, was du verdient hast. Aber möge es dir im Himmel vielfach vergolten werden!«

Schnitzel mit Spätlese

In jener Gemeinde galten noch die alten Bräuche: bei Tauffeiern, bei Hochzeiten und natürlich auch bei Begräbnissen. So gab es keinen Sterbefall, bei dem nicht auch ein »Leichtrunk« stattfand. Nach der Bestattung auf dem Friedhof und dem Trauergottesdienst in der Kirche ging es ins Gasthaus zum Essen und Trinken. Dabei gab es nach alter Tradition zuerst Kaffee und Hefezopf, dann heiße Bratwürste und Kartoffelsalat mit frischen Wecken. Dazu reichte man einen Landwein mittlerer Qualität. Das alles war für arm und reich finanziell tragbar. Selbstverständlich war zum »Leichtrunk« stets der Pfarrer eingeladen.

Als ich eines Tages nach dem Begräbnis ins Gasthaus kam, servierte die Wirtin zu meinem Erstaunen jedem ein Riesenschnitzel, dazu Nudeln und Pommes frites. Auf dem Tisch stand der teuerste Wein der Gegend, eine edle Spätlese.

Die Verwandten waren über die neuen Sitten genau so verblüfft wie ich, denn die Wirtin hatte ihnen nur gesagt, es sei alles geregelt und schon bezahlt.

Eine Stunde nach dem üppigen Mahl gab es Kaffee und Kuchen, aber nicht den billigen Hefezopf. Heute gab es Torten, sogar sechs verschiedene, die jeder Hochzeit Ehre gemacht hätten, und dazu noch Sahne. Allmählich wurde es den verdutzten Verwandten zuviel. Sie steckten die Köpfe zusammen, und ich hörte sie tuscheln:

»Das kostet ja ein Vermögen!«

Und:

»So ein Luxus, wo sie doch immer so sparsam gewesen ist!«

Als ich mich von der Wirtin in der Küche verabschiedete, klärte sie mich über den luxuriösen »Leichtrunk« auf.

Die Verstorbene war eine sehr sparsame alte Jungfer gewesen, und die Verwandtschaft konnte mit einem reichen Erbe rechnen. Als sie nun aber viele Monate im Krankenhaus liegen mußte, hatte sie kaum jemand besucht, und auch die Mitbringsel waren mehr als ärmlich gewesen. Als sie merkte, daß es mit ihr langsam zu Ende ging, hatte sie die Wirtin rufen lassen, ihr ein Bündel Geldscheine in die Hand gedrückt und gesagt:

»Es ist mein letzter Wille, daß es bei meinem Leichtrunk Schnitzel und Spätlese, Kaffee und Torte gibt, damit meine herzlosen Verwandten nicht so viel erben können.«

Die Nachtwanderung

Zu einer richtigen Jungscharfreizeit gehört auch eine Nachtwanderung. Einmal eine ganze Nacht aufbleiben dürfen und erst gegen Morgen nach Hause kommen, da erfüllt sich für viele Kinder ein Wunschtraum. Eine solche Wanderung muß aber gut vorbereitet werden und einige Überraschungen mit sich bringen. Also versteckte einer meiner Mitarbeiter bei einer Waldhütte eine Kiste süßen Sprudel, die dann ganz »zufällig« von einem der Buben entdeckt wurde. Wenn dann die Mädchen auf einem Holzstapel noch einen Laib Brot fanden und ich am Steg über eine Kiste Obst stolperte, dann war das nächtliche Glück groß. Schließlich regt so eine Wanderung nicht nur die Phantasie an, sie macht auch hungrig und durstig.

Wieder einmal stand auf dem Freizeitprogramm: *Nächtliche Tour durch Wald und Flur.*

Bei der Vorbereitung allerdings kamen meiner Frau und mir plötzlich Bedenken. Dieses Mal waren so viele kleine Mädchen – manche sogar noch im Kindergarten oder Erstkläßler – dabei. Würde diesen die Nacht nicht doch zu viel Angst machen?

Doch wir kamen überein, daß man den Kindern die große Angst nehmen sollte, ein klein wenig Herzklopfen allerdings nicht schaden könne.

Unter den Jungscharmädchen war damals auch die stets muntere und kecke Sabine. Von den Buben wurde sie oft mit dem Lied gehänselt: »Sabine war ein Frauenzimmer«, doch Sabine nahm es gelassen, ja sie gab schlagfertig Paroli. Wie immer war sie als erste am vereinbarten Startplatz, dieses Mal für die Nachtwanderung. Als es nach einstündigem Fußmarsch immer tiefer in den Wald hineinging, merkte ich, daß Sabine stets dicht an meiner Seite blieb. Wieselflink bewegte sie ihre kleinen Beinchen, denn in der Zeit, in der ich einen Schritt machte, mußte sie drei bewältigen.

Allmählich wurde es in dem finsteren Wald wirklich unheimlich, es knackte im Unterholz, und hin und wieder hörte man seltsame Geräusche. Plötzlich griff die kleine Sabine nach meiner Hand, hielt mich ein wenig zurück und sagte:

»Gell, Herr Pfarrer, mir zwoi brauchet koi Angscht haba, denn du bisch bei mir ond i ben bei dir!«

Meine Frau, die ein paar Schritte hinter uns ging, lachte in sich hinein, ich aber wurde ein wenig verlegen. Am liebsten hätte ich Sabine auf den Arm genommen, denn so etwas Schönes wird einem selten oder nie im finsteren Wald gesagt. Aber sie war ja eine junge Dame, und so antwortete ich nur:

»Du sagst es, Sabine!«

Dieser Vertrauensbeweis ging mir noch viele Jahre nach, und so erzählte ich die nächtliche Begebenheit bei meinem 30jährigen Dienstjubiläum in der Predigt.

Unter den auswärtigen Gottesdienstbesuchern war an diesem Sonntag auch eine frühere Mitarbeiterin.

»Das kann doch nur die Sabine Sch. gewesen sein«, sagte sie später zu ihrem Mann und telefonierte in der ganzen Gegend herum, um Sabine ausfindig zu machen.

Als ich am Abend im Gemeindehaus gerade mit einer Lesung aus meinen Büchern beginnen wollte, trat eine sportliche junge Dame auf mich zu und sagte:

»Ich bin die Sabine, von der Sie heute morgen in der Predigt gesprochen haben.«

Dieses Wiedersehen mit dem einstigen Jungscharmädchen war für mich das schönste Geschenk zu meinem Dienstjubiläum.

Gleichbehandlung

Zu meinen Gemeindegliedern gehörten zwei bedeutende Unternehmer: Beide waren sie starke Persönlichkeiten, die streng darauf achteten, daß man in allem keinen bevorzugte oder benachteiligte. Der Kirchenpfleger hatte mir eingeschärft, daß ich auch in Geldsachen stets beiden dieselbe Aufmerksamkeit zukommen lassen müsse.

Es dauerte nicht lange, da konnte ich beweisen, daß ich als Pfarrer nicht unter Gleichgewichtsstörungen litt. Ein 1000jähriges Jubiläum war zu feiern, und es galt, eine würdige Gedenkstätte zu errichten. Doch durfte alles nur mit Spenden finanziert werden. Da ich von der guten Sache überzeugt war, entschloß ich mich auch, die beiden Unternehmer um einen Beitrag zu bitten.

Mit dem älteren verabredete ich mich am späten Vormittag. Ich redete mit Menschen- und mit Engelszungen für die gute Sache, nicht vergeblich. Der Unternehmer sagte, grundsätzlich sei er schon zu einer größeren Spende bereit, aber er müsse einen Anhaltspunkt haben, was man so von ihm erwarte.

Ich holte tief Luft und sagte:

»Mit fünftausend Mark wäre uns viel geholfen.« Der hohe Betrag überraschte ihn nicht.

»Darüber können wir reden«, sagte er, »aber ich will mit so einer großen Spende natürlich nicht allein dastehen.«

Ich wußte sofort, wen er meinte.

Mit dem anderen Unternehmer traf ich mich am frühen Nachmittag, und es lief alles genauso wie am Vormittag. Abschließend fragte er, ob ich denn schon Spenden in Aussicht habe.

»O ja«, sagte ich, »einen Namen darf ich natürlich nicht nennen, aber ein Gemeindeglied hat die Absicht, fünftausend Mark zu spenden.«

»Das ist ja schön für Sie, Herr Pfarrer«, sagte er mit betonter Gleichgültigkeit, »dann will ich natürlich nicht zurückstehen; von mir bekommen Sie auch fünftausend Mark.«

Am Abend konnte ich in der Kirchengemeinderatssitzung stolz den Spendeneingang von zehntausend Mark vermelden. Besorgt fragten mich die Kirchengemeinderäte, wie ich denn zu dieser Summe gekommen sei. Ich aber sagte nur:

»Auf der Basis der Gleichbehandlung, denn zweimal fünftausend Mark ergibt zehntausend Mark.«

Erleichtert atmeten alle auf und nickten zufrieden. Offenbar war der Betrag nicht wichtig, denn alle lobten nur meine »Gleichbehandlung«.

Die verkaufte Kirche

Von der »verkauften Braut« werden die meisten schon gehört haben, von der »verkauften Kirche« wohl noch nicht, denn bei uns werden in der Regel die Kirchen nicht verkauft.

In der betreffenden Stadt aber wurden doch einmal zwei kleine Kirchen verkauft, und das kam so:

Die beiden Stadtteile waren nach dem Zweiten Weltkrieg durch den Wirtschaftsaufschwung so stark zusammengewachsen, daß es sinnvoll war, in der neuen Stadtmitte ein kirchliches Zentrum zu errichten. Die eine Kirche wurde von einer angrenzenden Bank übernommen, für die andere interessierte sich ein allseits bekannter und berühmter Kapellmeister der Unterhaltungsbranche. Er wollte auf dem Kirchengrundstück ein 12-Familienhaus errichten. Der Unterhändler des Kapellmeisters war mit dem Preis einverstanden. Dennoch kam die Sache nicht recht voran.

Der große Musiker war wochenlang auf Tournee, und dann waren ihm offenbar wegen der Kirche Bedenken gekommen. Am Telefon sagte er mir:

»In die Kirche geht man oder man geht nicht; aber eine Kirche kaufen, ist doch Frevel. Das ist gesegneter Boden und bringt Unglück.«

Wir vereinbarten einen Termin, und ich durfte ihn in seiner Villa besuchen. In seinem Studio wimmelte es nur so von Goldenen und Diamantenen Schallplatten. Er hatte wenig Zeit, und so kamen wir rasch zur Sache. Das Grundstück gefalle ihm, und der Preis sei in Ordnung, nur das mit der Kirche auf dem Grundstück – so ließ er wieder verlauten. Zuerst versuchte ich, dem Kapellmeister seine Bedenken auszureden, aber ich wußte als Pfarrer nur zu genau, daß man gegen religiöse Gefühle nicht mit Argumenten angehen kann.

Plötzlich sagte er unvermittelt:

»Ja, dann brechen *Sie* doch die Kirche ab.«

»Das würde ich tun, wenn ich das Geld dazu hätte«, gab ich zurück. Flugs holte der Herr Kapellmeister sein Scheckheft aus dem großen Schreibtisch, schrieb eine vierstellige Summe auf den Scheck und sagte:

»Herr Pfarrer, hier haben Sie das Geld für den Abbruch, und ich habe meinen Frieden.«

Ich bedankte mich vielmals und freute mich, daß dem großen Kapellmeister der Friede so viel wert war.

Der leere Geldbeutel

Lange Zeit gehörte es zu meinen dummen Angewohnheiten, mit leerem Geldbeutel außer Haus zu gehen. Dafür mußte ich einige Male Lehrgeld zahlen. So gab an einem Silvesterabend mein altes Motorrad ausgerechnet dann den Geist auf, als ich von einer Außengemeinde nach Hause unterwegs war. Ich hatte nur zwanzig Pfennig bei mir, um ein Taxi zu rufen, und überraschte meine Frau, als ich kurz vor Mitternacht ins Pfarrhaus gestürmt kam:

»Prost Neujahr, ich brauche Geld für ein Taxi.«

Ein anderes Mal war der Tank in meinem Auto leer. Ich blieb zwar genau vor der Tankstelle stehen, aber da ich keinen Pfennig Geld in der Tasche hatte, mußte ich das Auto einen halben Kilometer nach Hause schieben.

Meine Frau fragte mich daher stets, wenn ich wegging, ob ich auch Geld dabei hätte. Zeitweise besserte ich mich, wurde aber immer wieder rückfällig. So hatte ich mir z. B. auch angewöhnt, ohne Geld ins Gasthaus zu gehen. Ich ging dorthin ja nur, wenn ich bei Taufen, Hochzeiten und Begräbnissen eingeladen worden

war. Die Leute freuten sich, wenn ich kam, und wie sollte ich mich da um so unnötige Sachen wie Geld kümmern!

Aber einmal erlebte ich einen Reinfall. Ich mußte zu einer Sitzung ins Gasthaus und dachte nicht daran, daß bei solchen Anlässen jedermann seine Zeche selbst beglich. Das fiel mir erst kurz vor Mitternacht ein, als es ans Zahlen ging. Ich hatte mir noch nicht einmal gemerkt, was ich gegessen und getrunken hatte. Wenig war es sicher nicht. Als die Wirtin bei mir kassieren wollte, kam ich in Bedrängnis. Verstohlen öffnete ich meinen Geldbeutel, aber was mußte ich zu meiner Freude entdecken: jede Menge Kleingeld. Also nahm ich meinen Geldbeutel, schüttete den ganzen Inhalt in die Geldtasche der Wirtin und sagte:

»In der Bibel steht: Was ich habe, das gebe ich dir.«

Der Wirtin und allen Gästen gefiel dieser Spruch so gut, daß sie einen Heidenspaß daran hatten und seitdem unter den Gästen die Rede umgeht: »Wirtin, was ich habe, das gebe ich dir, denn heute zahle ich, wie der Herr Pfarrer zahlt!«

In der Klemme

In einer der letzten Konfirmandenstunden sage
ich in der Regel zu den Jungen und Mädchen:
»Wenn in den kommenden Jahren eins von euch
mal so richtig in der Klemme ist, darf er – oder
sie – sich jederzeit an mich wenden, auch
nachts!«
Die meisten Konfirmanden denken dann, daß
sie schon allein zurechtkommen werden.

Eines Tages aber besannen sich zwei frühere
Konfirmanden auf mein Angebot, und das kam
so. Die beiden hatten sich beim Stadtfest zwei
Mädchen angelacht und den ganzen Tag mit ih-
nen verbracht. Gegen Abend eröffneten sie den
Burschen plötzlich, sie seien im Heim durchge-
brannt, wollten dorthin nicht zurück, sondern
bei ihnen übernachten.
Die Burschen schlugen die Hände über dem
Kopf zusammen. Sie hatten beide sehr strenge
Eltern, also versuchten sie den Mädchen in einer
Kneipe klarzumachen, daß das nicht gehe.
Zu später Stunde standen die ehemaligen Kon-
firmanden und die beiden Ausreißerinnen dann
vor der Tür des Pfarrhauses.

»Herr Pfarrer, wir sitzen in der Klemme. Helfen Sie uns, bitte!«

Also ließ ich die vier herein und rief den Heimleiter an, der gerade die Polizei alarmieren wollte. Mit wohlgesetzten Worten bat ich um »Gnade« für die beiden Mädchen.

Als diese zugesagt wurde, setzte ich die Ausreisserinnen in mein Auto und fuhr sie ins fünfzehn Kilometer entfernte Heim. Alles war noch einmal gut ausgegangen.

Wenn ich die ehemaligen Konfirmanden in den folgenden Monaten auf der Straße traf, wurde ich nicht nur freundlich gegrüßt, sondern ein verstohlenes Lächeln sagte mir:

»Danke für die Hilfe in der Klemme!«

Die glaubenstreue Flüchtlingsfrau

In der schönen Stadt im Remstal stand neben unserer Friedenskirche die nach dem 2. Weltkrieg neu erbaute Katholische Kirche. Mehr noch als um die stets gut besuchten Gottesdienste konnte man die katholische Kirchengemeinde um ihren hervorragenden Priester beneiden. Von einem so vielfältigen kirchlichen und geistlichen Leben konnten wir Evangelischen nur träumen. Wir, die kirchlichen Nachbarn, wurden zu Freunden. So bekam ich als evangelischer Geistlicher erstmals tiefere Einblicke in das Innenleben einer katholischen Kirchengemeinde.

Was dem katholischen Kollegen manchmal jedoch Kopfzerbrechen bereitete, war die naive katholische Volksfrömmigkeit, die seine Gemeindeglieder aus osteuropäischen Ländern mitgebracht hatten. Dafür hatte der Priester nichts übrig, und er machte seinen frommen Schäfchen gegenüber keinen Hehl daraus. Auch stand der Priester voll und ganz zu den Reformen des 2. Vatikanischen Konzils. Er hatte dabei nicht nur den Pfarrgemeinderat, sondern die Mehrzahl seiner Gemeindeglieder hinter sich. Aber so manches konservative Gemeindeglied

widersetzte sich offen oder heimlich den einge-
leiteten Reformen. Als der Priester wieder einmal in einer Predigt die notwendigen Reformen
des Konzils erläuterte und verteidigte, kam eine
katholische Flüchtlingsfrau anschließend in die
Sakristei gelaufen und rief:

»Hochwürden, Sie können sagen, was Sie wollen, ich bleibe katholisch!«

Kaffeefahrt

Die beiden jungen Leute waren aus der DDR ge-
flüchtet und hatten in unserer Stadt keinerlei
Verwandte oder Bekannte. Meine Frau nahm
sich ihrer an, und so entstand mit der Zeit ein
sehr familiäres Verhältnis. Als sie heiraten wollten, gestanden sie meiner Frau im Vertrauen, sie
könnten sich eine Hochzeit im Gasthaus finanziell nicht leisten. Also boten wir ihnen für die
Hochzeitsfeier das Pfarrhaus an.
Bei den Vorbereitungen merkte meine Frau, daß
die Braut nicht nur ein Musterbeispiel an Geduld, sondern auch an Langsamkeit war.
Schließlich war alles gut überstanden, und das
junge Paar war glücklich. In einer fünfzig Kilometer entfernten Stadt wurde ihnen Arbeit und
eine Wohnung geboten. Sie zogen dorthin und
baten uns immer wieder um einen Besuch, damit sie sich für unsere Gastfreundschaft revan-
chieren konnten. Endlich klappte es; wir fuhren
mit dem Zug und trafen pünktlich gegen
15 Uhr zur Kaffeezeit ein. Zuerst mußten wir
alles besichtigen, dann gab es viel zu erzählen.
Mehrfach kündigte die junge Frau an, der Kaffee
sei bald fertig. Das war uns recht, denn um

16.30 Uhr wollten wir zurückfahren. Um 16.30 Uhr sahen wir vom Fenster der Wohnung aus den Zug davonfahren. Nun, eine Stunde später fuhr auch noch einer, also faßten wir unsere Seelen in Geduld. Als endlich 17.30 Uhr Kaffee und Kuchen auf dem Tisch standen, mußten wir auch diesen Zug ohne uns abfahren sehen.

Zum Schluß mußten wir uns beeilen, den letzten Zug zu erreichen. Wieder zu Hause machte meine Frau ihrem Herzen Luft, ich aber tröstete sie mit dem Hinweis auf das, was uns die Leute schon über andere »Kaffeefahrten« erzählt hatten.

»Zwei Züge und immer noch kein Kaffee«, sagte meine Frau unentwegt. »Meine Revanche steht schon heute fest. Sollte das Paar uns zur Silberhochzeit einladen, dann werde ich ihnen eine Ansprache halten über das Wort: ›Was du tust, das tue bald.‹«

Mißglückte Enthüllung

Daß auch in der Kirche nicht alle Enthüllungen glücken, dafür soll das folgende Beispiel stehen. Die Beschaffung von zwei neuen Chorfenstern im Chor der frühgotischen Kirche hatte für so viel Wirbel gesorgt, daß alle Beteiligten froh waren, einen Schlußpunkt unter die Kunstaktion setzen zu können. Da die Stadt eines der beiden Kirchenfenster gestiftet hatte, bat man den Herrn Oberbürgermeister, die feierliche Enthüllung der beiden Fenster vorzunehmen.

Der Künstler hatte gute Arbeit geleistet und war auch rechtzeitig fertig geworden, nur wurden wir von dem plötzlichen Gerüstabbau überrascht.

»Halt«, sagte ich zu den fleißigen Handwerkern. »Vor die Enthüllung haben die Götter die Verhüllung gesetzt.«

Meine Frau spendierte große Leintücher, die zusammengenäht wurden. Dann ging man mit vereinten Kräften ans Verhüllen.

Aber es gab Differenzen unter uns. Einige waren der Meinung, die Tücher würden schon herunterfallen, wenn man nur die Kirchentüren öffnet oder jemand laut hustet. Sie sprachen sich für eine optimale Befestigung mit dicken Schnüren aus. Die andern gaben zu bedenken, die Schnüre könnten sich möglicherweise verheddern und die Enthüllung vereiteln. Ich plädierte für eine gute Befestigung.

Mit dem Festgottesdienst nahte der feierliche Augenblick der Enthüllung. Der Herr Oberbürgermeister schritt zur Tat und ergriff fest die in den Chor herunterhängenden Schnüre. Mit einem eleganten Schwung aus der Schulter wollte er das erste Tuch wegziehen. Aber nichts fiel herunter. Immer wieder versuchte er es, aber an diesem Vormittag ließ sich in der Kirche nichts enthüllen. Schließlich sah er mich ratlos an.

Ich gab einigen Bläsern des Posaunenchors einen Wink. Sie bildeten eine lebendige Leiter, und schon war die Enthüllung gelungen. Der Oberbürgermeister aber sagte geistesgegenwärtig:

»Weltliche Enthüllungen sind halt viel leichter als kirchliche.«

Recht hatte er, der Herr Oberbürgermeister.

Das höchste Lob

Wer in einem Berufsschulzentrum als Schulpfarrer tätig ist, der sollte immer schön bescheiden und nicht auf Erfolgserlebnisse aus sein. Dennoch gibt es auch hier angenehme Überraschungen.

Der angehende Großhandelskaufmann hatte Tafeldienst und ging daher als letzter aus dem Klassenzimmer. Draußen wartete schon seine Freundin, eine angehende Bürokauffrau. Da die Tür offenstand, hörte ich, wie der junge Mann zu seiner Freundin sagte:

»Mensch, heute war unser Bidermann wieder voll drauf!«

Das war das höchste Lob, das mir seit langem zuteil geworden war.

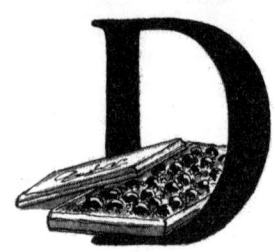

Die schönste Entschuldigung

Ein guter Berufsschüler zeichnet sich wie alle andern Schüler auch dadurch aus, daß ihm die Entschuldigungen nicht ausgehen. Das klingt dann so:

»Mein Bus hatte Verspätung.«

»Mein Auto ist nicht angesprungen.«

»Ich mußte beim Arzt noch dringend ein Rezept abholen.« Eine endlose Entschuldigungsgeschichte!

Von einem guten Schulpfarrer erwarten sie, daß er alle diese Entschuldigungen glaubt. Recht haben die Schüler, denn der Pfarrer erwartet ja auch, daß man ihm glaubt. Aber manchmal wird selbst bei *RELI* die Schmerzgrenze des Vertretbaren erreicht. Das war eines schönen Tages bei der Klasse I III b (Industriekaufleute) der Fall. Ich gab in dieser sehr großen Klasse nun schon im dritten Jahr Religionsunterricht, doch nie hatte es irgendwelche Probleme gegeben. Nun aber führte sie der neue Stundenplan in große Versuchung. Religion war dienstags in der 6. Stunde!

Die erste Hürde konnte abgewendet werden: Keiner meldete sich ab. Dann aber kamen einige auf die Idee, gelegentlich einfach spurlos zu verschwinden, noch ehe ich die Klasse betreten hatte. Dies konnte ich meist verhindern, indem ich so rechtzeitig erschien, daß niemand entwischen konnte.

Doch als ich beim nächsten Mal die Anwesenheit durch lautes Vorlesen der Namen prüfte, stellte sich heraus, daß die Damen Ilona, Katja und Martina sowie Armin unentschuldigt fehlten.

Den anwesenden Schülern erklärte ich, ich würde dieses Verhalten keinesfalls hinnehmen. Meine kleine Strafpredigt trug schon in der nächsten Religionsstunde Früchte.

Als ich die Klasse betrat, saßen in der I III b alle auf ihrem Platz; auf meinem Lehrerpult lag ein Päckchen, das an mich adressiert war. Nachdem ich es geöffnet hatte, las ich:

Entschuldigung. Tut uns leid wegen letzter Woche. Und im Blick auf die beigefügte Schachtel Pralinen hatten Ilona, Katja, Martina und Armin hinzugefügt: *Keine Bestechung!*

Ich mußte herzhaft lachen und sagte, die Sache sei damit erledigt. Dann reichte ich die Schachtel mit den Pralinen herum, was von der I III b mit anhaltendem Beifall quittiert wurde.

So schön kann Religionsunterricht in der Berufsschule auch sein!

Schülerin spurlos verschwunden

Sie war eine Berufsschülerin, wie sie alle Lehrer gern haben: sauber und putzmunter, ordentlich und lernwillig. Obwohl sie schon im dritten Lehrjahr und volljährig war, hatte sie sich ein »kindliches« Gemüt bewahrt. Sie sagte stets offen, was sie dachte, auch im Religionsunterricht.

Als ich eines Tages das Klassenzimmer betreten wollte, stellte sie sich mir in der Tür in den Weg, trat ganz nahe heran, als wolle sie mir etwas ins Ohr flüstern, und sagte dann aufgeregt:

»Herr Bidermann, soeben habe ich meine Periode bekommen, und ich habe gar nichts bei mir.« Dabei trat sie merklich von einem Bein auf das andere und kniff die Lippen zusammen.

»Gehen Sie schnell«, sagte ich etwas verlegen und schon sah ich sie über den langen Korridor in Richtung Damen-Toilette enteilen.

Kaum hatte ich mit dem Unterricht begonnen, quälte mich die Frage, ob die Sache gut gegangen war. Ich ging aus dem Klassenzimmer und tat so, als ob ich im Medienraum etwas holen wollte. Nachdem ich den Gang bis zur Damen-Toilette unauffällig inspiziert hatte, kehrte ich leichten Herzens in die Klasse zurück. Es war das erste Mal, daß ich froh darüber war, daß eine Schülerin ganz ohne jede Spur verschwunden war.

er versenkte Kirchenschlüssel

Wenn ein Pfarrer eine Kirchengemeinde verläßt, dann hat er seinem Nachfolger mancherlei ordnungsgemäß zu übergeben. Dazu gehören natürlich auch die Kirchenschlüssel. In der Zeit der Reformation und der Gegenreformation spielten die Kirchenschlüssel eine große Rolle. Wer den großen, schweren Kirchenschlüssel in seinen Händen hielt, der hatte die Schlüsselgewalt, das heißt, das Verfügungsrecht über die Kirche. Darum wurden die evangelischen Mesner in der Zeit der Gegenreformation von ihren Pfarrherrn streng angewiesen, auf keinen Fall die Kirchenschlüssel herauszugeben.

Nun war bei der Amtsübergabe, von der ich hier berichten möchte, weder Reformation, noch Gegenreformation, es war Kirchenstreit. Als ich sah, daß der überwiegend konservative Kirchengemeinderat meine offene, volkskirchliche Arbeit immer mehr ablehnte, bewarb ich mich um eine andere Stelle. Die Gemeindemitglieder aber sagten:

»Der Pfarrer soll bleiben, und der Kirchengemeinderat muß zurücktreten.«

Als die schließlich doch notwendig gewordene

Amtsübergabe näherrückte, überraschte ich meine Frau und meine Freunde mit der Nachricht:

»Meinen Kirchenschlüssel werde ich keinem Nachfolger übergeben.«

Meine Freunde versuchten mäßigend auf mich einzuwirken und gaben zu bedenken, daß ich mir damit nur noch mehr Ärger einhandeln würde. Aber ich blieb bei meiner Aussage.

Eines Abends machte ich einen Rundgang um die mir lieb gewordene fast 500 Jahre alte Kirche. Dann warf ich meinen Kirchenschlüssel in den vorbeifließenden Dorfbach, dort, wo das Wasser am tiefsten ist.

Nach Hause zurückgekehrt, berichtete ich meiner Frau von dem versenkten Kirchenschlüssel. Sie holte tief Luft und wollte mir gerade die Torheit dieses Tuns vorhalten, als ich in die Jackentasche griff und zwei nagelneue Kirchenschlüssel hervorzauberte.

Ich hatte mein Wort gehalten. Niemand konnte mir wegen nicht übergebener Kirchenschlüssel etwas anhängen, im Gegenteil. Bei der Amtsübernahme hatte ich nur einen Schlüssel bekommen und nun dem Nachfolger zwei hinterlassen.

Doch »mein« Kirchenschlüssel ruht noch heute in den Tiefen des Dorfbaches bei der alten Kirche.

Der Kurschatten

In einem bekannten Kurort des Schwarzwaldes las ich eines Abends »Heiteres und Besinnliches« aus meinen Büchern. Mein neu entwickeltes Programm »Literatur dient auch der Kur« wurde mit Beifall aufgenommen, und die andächtig lauschenden Kurgäste kamen, wie ihrer Sprache deutlich zu entnehmen war, hauptsächlich aus Norddeutschland.

Nach Beendigung der Lesung sahen sich die Zuhörer die Bücher, aus denen ich gelesen hatte, an. Einer älteren, gut aussehenden Dame aus Hamburg gefiel besonders mein Lesebuch »Hohenloher Gänsefüßchen«. Sie kaufte es und bat mich um eine persönliche Widmung.

Als ich nach ihrem Namen fragte, sagte sie mir einen besonders schwer auszusprechenden, den ich mit Sicherheit nicht fehlerfrei würde schreiben können. Deshalb bat ich sie um ihren Vornamen. Das war etwas riskant, aber ich war überzeugt, sie würde es einem Pfarrer nicht verübeln. Also schrieb ich in das Buch:

Frau Gerda, mit den besten Wünschen für die Zukunft.

Als ich ihr das Buch mit der Widmung aushändigte, bedankte sie sich, dennoch hatte ich den Eindruck, daß sie mit irgend etwas nicht ganz einverstanden war.

Nach einer Weile kam sie mit ihrem Buch zu mir und sagte etwas verlegen:

»Frau Gerda, ich weiß nicht, wenn das mein Mann liest? Können Sie nicht unter Ihren Namen noch groß das Wort Pfarrer schreiben?«

Ich gab mir alle Mühe, das Lachen zu unterdrükken und schrieb wie gewünscht *Pfarrer* unter meinen Namen. Die Hamburgerin strahlte und sagte entschuldigend:

»Wissen Sie, Herr Pfarrer, mit Kurschatten ist mein Mann empfindlich.«

Auf der Fahrt nach Hause war ich sehr erleichtert, denn ich sagte mir, solange Menschen noch ein so großes Vertrauen zu Pfarrern haben, steht es um die Kirche so schlecht nicht.

Schwäbisch schwätza

Über zwölf Jahre war ich als Pfarrer im Hälli-
schen und Hohenlohischen und habe mich immer gut mit diesem Volksstamm verstanden.
Einziger Mangel, ich konnte ihre Mundart nicht
sprechen. Als ich ins Schwäbische zurückkehrte, sagte ich bei der Investitur unter ande-
rem, mit mir könne man auch in der Mundart
sprechen. Das war offenbar so wichtig, daß am
nächsten Tag in der Zeitung stand:
*Mit Pfarrer Bidermann kann man Schwäbisch
schwätza.*

Ein Theologe sollte halt nicht nur die alten Sprachen wie Latein, Griechisch und Hebräisch lernen, sondern vor allem seine Muttersprache, die
Mundart, nicht *verlernen*, sei es nun die bayri-
sche, die plattdeutsche oder die schwäbische.

> *O Leit, wia sell duat*
> *en mai schwarze Säl nai guad,*
> *brauch i net dia Werder setza,*
> *därf ganz oafach Schwäbisch schwätza . . .*

Nachwort
Dichtung oder Wahrheit?

Über den Wert und Nutzen der hier vorgelegten »Geschichten« aus den Jahren zwischen 1956 und 1991 entscheidet allein die Heiterkeit, die sie beim Leser auszulösen vermag. Echter Humor bedarf keiner Erklärung.

Dennoch wird manchen interessieren, was an diesen »Geschichten« wahr oder erdichtet ist.

Es handelt sich hierbei durchweg um tatsächliche Begebenheiten, die ich schriftstellerisch bearbeitet, zum Teil auch etwas verfremdet habe, vor allem wenn es die amtliche Verschwiegenheit erforderte. Dennoch sollte möglichst viel konkret bleiben.

Also, dann »nichts für ungut«.

Inhalt

Im Bechtermünz Verlag ist außerdem erschienen:

Maja Ueberle-Pfaff,
Großvater ist der Größte

ISBN 3-8289-6750-7
Best.-Nr. 463 463
12,5 x 18,7 cm
160 Seiten
12,90 DM

Ein besonderes Verhältnis verbindet die ältere mit der ganz jungen Generation, die Großväter mit den Enkeln. Die einen haben viel gesehen und erlebt, die anderen entdecken ständig Neues. Junge und alte »Opas« erinnern sich, erzählen, geben Erfahrungen weiter – und machen so Lust, den eigenen Weg zum Großvater-Sein zu finden.

Im Bechtermünz Verlag ist außerdem erschienen:

Inge Helm,
Männer vom Umtausch
ausgeschlossen

ISBN 3-8289-6721-3
Best.-Nr. 475 277
12,5 x 18,7 cm
256 Seiten
14,95 DM

Die ideale Hausfrau hat einen blitzblanken Haushalt, pflegeleichte
Kinder und einen Mann, der morgens beim Kaffeetrinken nie Zeitung
liest ... »Würde ich mich nicht selbst ein wenig auf die Schippe nehmen, ... dann wäre das Leben einer Hausfrau doch wahrhaftig ein
einziges Jammertal.« Inge Helm erzählt von den ganz normalen
Katastrophen des Familienalltags, der einem merkwürdig bekannt
vorkommt ... Zwei heitere Romane in einem Band!

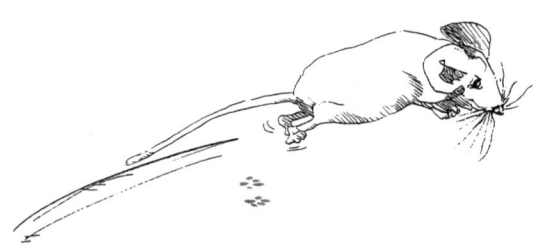